Andreas Herteux

Das Alternative Hegemonie Modell (AH-Modell)

Die unsichtbare Hand der Erziehung zum Guten

© 2018 Andreas Herteux

Erich von Werner Gesellschaft

Verlag: Erich von Werner Verlag

ISBN 9783981900644

Einleitung

Die Erich-von-Werner-Gesellschaft geht davon aus, dass die Welt vor einer Zeitenwende steht. Diese große Veränderung wird durch fünf Elemente bedingt bzw. beschleunigt, welche in Kombination und in Wechselwirkung einen globalen Wandel auslösen werden:

- Den Aufstieg neuer Konkurrenten auf den Weltmärkten (z.B. asiatische Staaten)

- Der Schwäche der westlichen Welt (z.B. durch Instabilität, schwindendes Vertrauen in bestehende Ordnungen, Verlust von Wettbewerbsfähigkeit oder den politischen Aufstieg Chinas)

- Die Veränderung der Umweltbedingungen (z.B. durch Klimawandel, Ressourcenausbeutung oder Umweltzerstörung)

- Überbevölkerung und fehlende Perspektiven (z.B. durch die demographische Entwicklung auf dem afrikanischen Kontinent

- Umgang mit dem technologischen Fortschritt (z.B. Digitalisierung, Biotechnologie, Optimierung des Menschen)

Diese fünf Faktoren werden durch die Erich vo Werner Gesellschaft unter dem Begriff **"Zeitenwandel"** zusammengefasst.

Der Zeitenwandel wird, soweit diesem nicht angemessen begegnet wird, die globalen Machtverhältnisse komplett verändert und erscheint für viele Menschen primär als Bedrohung. Er kann aber sowohl Risiko, als auch Chance sein.

Der **Zeitenwandel** nimmt bereits extremen Einfluss auf den politischen, gesellschaftlichen und wirtschaftlichen Alltag und wird seine Wirkung immer weiter intensivieren.

Für die Gesellschaft des Westens, die ein besonderes Forschungsgebiet der Erich von Werner Gesellschaft darstellt, ist eine vollkommene Transformation zu erwarten.

Von den klassischen Lebenswirklichkeiten und dem Zeitalter des **individuellen Kollektivismus** der vergangenen Jahrzehnte, ist kaum etwas geblieben. Tatsächlich ist die Gesellschaft in viele Milieus zersplittert und driftet langsam aber sicher in einen unabwendbaren **Milieukampf**, in dem sich einzelne Lebenswirklichkeiten - ohne tieferes Verständnis füreinander - gegenüberstehen.

Wie lange und wie intensiv dieser **Milieukampf** andauern und sein wird, ist unsicher. Sicher ist nur, dass die Gesellschaft bereits parallel in das **Zeitalter des kollektiven Individualismus** eintreten wird.

Alleine dieser ungewisse Verlauf verpflichtet dazu, Lösungen zu finden, um die dynamische Kraft des **Zeitenwandels** zum Wohle der Menschheit zu nutzen.

Die angesprochenen Veränderungen sind bereits spürbar, denn aktuelle politische, gesellschaftliche und wirtschaftliche Entwicklungen, die oft als spaltend, zersetzend und erschütternd wahrgenommen werden, sind letztendlich die direkten Folgen des **Zeitenwandels** und werden sich weiter intensivieren. Sie sind die Folge eines globalen, zusammenhängenden Phänomens für die bisherige Erklärungsmuster schlicht zu kurz greifen und vollkommen untauglich sind.

Es ist an der Zeit, diese obsoleten Deutungen zu verwerfen und sich der Realität des **Zeitenwandels** zu stellen, denn es gilt jetzt zu handeln, bevor es zu spät sein wird.

Der Sturm wartet nicht, er kommt. Aus diesem Grund bedarf es Lösungsansätze, diese gewaltige Kraft zu nutzen, um eine bessere Welt für alle Menschen zu schaffen.

Um dieses Ideal ein reales Antlitz zu verleihen, entwickelt die Erich von Werner Gesellschaft Lösungsansätze, publiziert diese und möchte damit eine breite öffentliche Diskussion auslösen, die letztendlich auch in Handlungen mündet. Dabei stehen wir noch am Anfang, können aber bereits erste Ergebnisse präsentieren:

Hierzu gehört auch das **Modell der Alternativen Hegemonie (AH-Modell).** Dieses wird auf den folgenden Seiten näher vorgestellt. Ein Modell, das wohlgemerkt – ebenfalls -noch am Anfang steht und stetig weiter entwickelt werden wird.

Es ist daher nicht perfekt, aber wohl besser, als vieles bisher erdachte und angewandte.

Andreas Herteux

Was ist die Grundidee des Alternative-Hegemonie-Modells (AH-Modell)?

Das AH-Modell ist eine Evolution des bisherigen internationalen Politik-und-Wirtschafts-Systems. Es entwickelt dieses weiter, behält bestehende Strukturen bei und leitet negativ wirkende Dynamiken um.

Das AH-Modell erzieht Staaten, als auch Unternehmen zu einem werthaltigen Verhalten. Es belohnt dieses Verhalten und bestraft negative Abweichungen. Durch diese Anreize ist positives Verhalten profitabel und nachhaltig.

Dabei macht sich das AH-Modell die gleichen Kräfte zu nutzen, die in einem kapitalistischen System herrschen, leitet sie aber in eine neue Richtung: Aus der unsichtbaren Hand des Markts, wird die unsichtbare Hand der Erziehung.

Dieses gelingt über eine Bündelung der technologischen Forschungs- und Entwicklungsarbeit in neueingerichteten Technologiezentren. Besagte Technologiezentren bündeln wissenschaftliche Kompetenz, entwickeln und testen nachhaltige Technologie zur konkreten Nutzung in den Mitgliedsländern. Die Produktion und Verteilung übernehmen kooperierende

Unternehmen, die weiter nach marktwirtschaftlichen Gesichtspunkten tätig sind.

Umgesetzt und finanziert wird das AH-Modell über einen AH-Fonds. Der AH-Fonds wird Eigentümer und Marktteilnehmer. Er übernimmt die Rolle eines nachhaltigen Superkonzerns, der durch einen Vorstand, analog einer Aktiengesellschaft, geleitet wird. Kontrolliert wird der AH-Fonds-Vorstand durch ein Gremium („Aufsichtsrat"), das sich aus Mitgliedern einzelner Länder zusammensetzt und den nationalen demokratischen Instanzen sowie der Geberkonferenz zur Rechenschaftslegung verpflichtet ist. Die entwickelten Technologien werden nur den Märkten jener Staaten zur Verfügung gestellt, die ein positives und nachhaltiges Verhalten („Mindestkriterien") aufzeigen. Die Erfüllung der Kriterien ist auch Voraussetzung, um am AH-Fonds beteiligt zu werden.

Besagte Kriterien (z.B. Menschenrechte, Pressefreiheut, soziale Standards usw..) werden stetig überwacht.

Staaten, die sich den Kriterien verweigern werden vom technologischen Fortschritt ausgeschlossen, aber indirekt durch die unsichtbare Hand der Erziehung zur freiwilligen Anpassung ermuntert.

Dadurch, dass Nationalstaaten, Warenwirtschaftssysteme oder kulturelle Besonderheiten erhalten bleiben, ist von einer allgemeinen Akzeptanz der Bevölkerung auszugehen, die wiederum für ihr positives und friedliches Verhalten belohnt wird.

Die Finanzierung erfolgt über eine prozentuale Abgabe des Bruttosozialproduktes. Weitere Einnahme rühren durch Lizenzvergaben.

Der AH-Fonds vergibt Nutzungs- und Produktionslizenzen an kooperierende, Kriterien einhaltende Unternehmen gegen Entgelt. Die Unternehmen beliefern die festgelegten Märkte. Sie werden bei diesen Produkten reglementiert. Damit werden nachhaltige Technologien und der Fortschritt über bekannte Vertriebswege eingestreut.

Durch die reine Marktmacht des AH-Fonds, sowie Exklusivität, werden bestehende Unternehmen zur Kooperation hin erzogen. Diese Marktmacht wird auch für die Beschaffung von Ressourcen (Wissenstransfer, Personal usw.) eingesetzt.

Für Staaten und Unternehmen gilt gleichermaßen: Sie werden sich weiter egoistisch verhalten und einen maximalen Nutzen für sich herbeiführen wollen. Nun aber, verheißt positives Verhalten, d.h. Kooperation und Erfüllung der Kriterien, Profitmaximierung und maximalen Nutzen. Daher passen sich Staaten und Unternehmen großenteils freiwillig an. Die Kräfte des Marktes werden in eine positive Richtung gelenkt. Die unsichtbare Hand der Erziehung wirkt und sie ist das zentrale Element des AH-Modells.

Durch dieses werthaltige Verhalten und der Entwicklung des Fortschrittes sollen die zentralen Probleme des Planeten gelöst oder zumindest eingedämmt werden. Diktaturen und Autokratien werden langfristig zum Auslaufmodell. Es entsteht eine neue Weltgemeinschaft, die auf kulturelle Besonderheiten Rücksicht nimmt und trotzdem zukunftsgewandt ist. Eine alternative Hegemonie, die zum Guten erzieht.

Wie sähe der Fahrplan des AH-Modells aus?

Phase 0 (2019 – 2023)

- Verbreitung der Idee des AH-Modells

- Versuch des Startens einer Volksbewegung

- Überzeugung von prominenten Fürsprechern

- Lobbyarbeit bei Regierungen und Unternehmen

- Ausarbeitung der Mindestkriterien für Staaten und Unternehmen

- Abklären der rechtlichen, wirtschaftlichen und politischen Dimension des Modells

- Dauerhafte Propaganda-Offensive

Phase 1 (2023 – 2025)

- Erste Geberkonferenzen

  o Teilnehmende Staaten müssen Mindestkriterien erfüllen

- o Autokratien und Diktaturen bleiben ausgeschlossen

- o Stufenmodell für Zwischenstaaten denkbar

- Finanzierung und Kontrollmechanismen sowie Forschungs- und Entwicklungsziele werden festgelegt

- Erste Mitarbeiter- und Wissensbeschaffung

- Erste Gespräche mit Unternehmen

- Auflage des AH-Fonds

Phase 2 (2025 – 2030)

- AH-Fonds errichtet erstes Technologiezentrum

- Nutzen der Marktmacht, um Wissens- und Personaltransfer einzuleiten

- Kooperationsvereinbarung mit Unternehmen, die Nachhaltigkeitskriterien (Produktionsbedingungen, Umweltschutz usw..) erfüllen oder dieses anstreben

- Beginn der Forschungs- und Entwicklungsarbeit

Phase 3 (ab 2030)

- AH-Fonds ist kapitalgewaltiger Marktteilnehmer

- Forschungs- und Produktionslizenzvergabe an kooperierende Unternehmen

- Lizenz nur für werthaltige Staaten

- Überwachung der Lizenzen; ggf. Entzug

- Stopp des technologischen Transfers bei Verstoß gegen Mindestkriterien

- Der Erziehungsmechanismus wirkt („unsichtbare Hand der Erziehung")

Phase 4 (ab 2033)

- Neue Technologien bewirken Boom in teilnehmenden Staaten

- „Kapitalistische Auswüchse" verschwinden

- Die bisherige Marktwirtschaft bleibt aber erhalten

- Einschränkungen betreffen nur die Lizenzen, zwingen aber zu werthaltigem unternehmerischen Verhalten

- Diese Staaten werden zu Leuchttürmen und Sehnsuchtsorten für technologisch rückständige Gebilde

- Bevölkerung der „Nichterfüller" nimmt Rückstand wahr

- Druck auf „Nichterfüller-Regierungen"

- Nationalstaaten werden daher zu Werten und zur Nachhaltigkeit erzogen

- Die unsichtbare Hand der Erziehung entfaltet totale Wirkung

Phase 5 (ab 2060)

- Autokratien und Diktaturen gibt es nicht mehr

- Nationalstaaten und kulturelle Integrität werden nicht in Frage gestellt, werden aber durch das Anreizsystem in eine positive Richtung gesteuert. Daher ist ein hohes Identifikationspotential gegeben

- Daher Versöhnung des Internationalismus mit dem Patriotismus

- Forschung- und Entwicklung wird nicht mehr durch den Gedanken der Profitmaximierung eingeschränkt

- Das AH-Modell hat große Probleme gelöst (z.B. Klimaproblematik, Umweltschutz, Demokratieprobleme, Kriege) und kann nun weitere angehen (z.B. Überbevölkerung oder globaler Hunger)

Finanzierung

- 2% des BIP der Mitglieder

- Alternative Beteiligung der Bevölkerung z.B. über das Altersvorsorgesystem

- Alternative Beteiligung von nachhaltigen Unternehmen denkbar

- Einnahmen aus Lizenzvergaben

- Einnahmen aus aufgekauften Unternehmen (z.B. über Aktienbeteiligungen)

Kontrolle und Vermeidung von Machtmissbrauch

Der AH-Fonds wird wie ein Unternehmen geleitet und durch einen bestellten Vorstand geführt. Der Vorstand ist dem Aufsichtsrat Rechenschaft schuldig, dessen Mitgliedern von den Geberländern berufen werden. Gegebenenfalls wäre auch eine direkte Wahl durch die Bürger denkbar. Der Aufsichtsrat ist der Geberkonferenz, der Öffentlichkeit und den nationalen Parlamenten Rechenschaft schuldig. Zudem gibt es gesonderte Transparenzpflichten. Innerhalb des Fonds wird zusätzlich eine unabhängige Stelle installiert, welche die Mindestkriterien für Staaten und Unternehmen überwacht. Der Vorstand ist dieser gegenüber nicht weisungsbefugt.

Umsetzbarkeit

Realistisch, da weitaus tiefergehende Kooperationen (z.B. Europäische Union, Weltbank, Internationale Währungsfonds) bereits realpolitisch durchgesetzt wurden und es sich nicht um eine Revolution, sondern um eine Evolution zum Vorteil der Bevölkerung handelt: Erziehung zum Guten.

Fazit

Das Alternative-Hegemonie-Modell ist mehr als nur ein Regierungsmodell. Das alleine würde an den bestehenden Strukturen scheitern. Es ist allumfassend und eine Idee. Mit ihm beginnt eine neue Zeit. Es erhält und entwickelt weiter. Letztendlich ist das AH-Modell die bessere unsichtbare Hand: Alternative Hegemonie durch Technologie und Erziehung zum Guten.

Ausführliche Betrachtung des Alternativen-Hegemonie-Modells (AH-Modell)

Grundsätzliche Abwägungen und Vorabüberlegungen

Unbestritten ist unsere Welt mit einer Vielzahl an Problemen konfrontiert, deren Lösung eine wesentliche Verbesserung der allgemeinen Zustände herbeiführen würde. Beispiele hierfür wären:

- Hungersnöte

- Klimawandel und Naturkatastrophen

- Krankheiten und Seuchen

- Kriege und politische Instabilität

- Armut und wirtschaftliches Ungleichgewicht

- Unbekannte Folgen technischer Entwicklungen

- Demographische Entwicklung

- Verschiebung der globalen Machtverhältnisse

Eine ewige Frage ist es nun, ob es Sinn macht, diese Probleme einzeln anzugehen, oder einen globalen Weg, ein System, zu finden, der besagte Sorgen automatisiert, oder besser, wie von unsichtbarer Hand geleitet, behebt und die Welt in eine bessere Zukunft führt. Die Erfahrungen der Geschichte zeigen, dass der Versuch, eine singulär erkannte Schwierigkeit singulär zu lösen, fast immer an den Zusammenhängen scheitert, denn in der Regel sind Probleme wie z.B. der Klimawandel lediglich im Laborversuch von allen sonstigen Einflüssen trennbar. Daher bedarf es eines globalen, eines allumfassenden Ansatzes.

Mit diesem Gedanken folgt allerdings schon die nächste Problematik. Fast alle globalen Lösungsansätze scheitern an einer Banalität: Sie verlangen eine Revolution und große Veränderungen und zerschellen am Ende daran, dass sie damit indirekt jede bestehende Ordnung als obsolet und minderwertig klassifizieren. Oder vereinfacht gesagt: Viele Menschen sind mit ihrer Lebensweise und Kultur nicht unzufrieden. Gleiches gilt für die Politik oder Wirtschaft. Kurzum; sie wollen, was viele Ansätze fordern, Gewohntes nicht verlieren und wenden sich dadurch irgendwann gegen zu viele Veränderungen. Die in der westlichen

Welt immer stärker auftretende Re-Nationalisierung, die Spaltung der jeweiligen Gesellschaften, der Vertrauensverlust in etablierte Institutionen oder das sogenannte Establishment ist eine typische Folge derartiger Versuche, Veränderungen ohne eine allgemeine Akzeptanz durchzuführen. Hinzu kommen natürlich weitere Interessensgruppen, man denke hier nur an den Konflikt zwischen wirtschaftlicher Expansion und Klimaschutz, die gleichfalls wirken.

Es bedarf daher eines Modells, das die bereits bestehenden Ordnungen miteinbezieht, ihre Stärken und Dynamiken nutzt, aber in eine Richtung lenkt, die zum Wohle aller führt. Ein derartiges Modell zu erschaffen, ist ambitioniert, aber von Nöten, da die Veränderungen ansonsten nicht akzeptiert und auf massiven Widerstand stoßen werden.

Das Alternative Hegemonie Modell (AH-Modell) ist ein allumfassender Ansatz. Es ist letztendlich die Weiterentwicklung, die Evolution der bestehenden Ordnung.

Es ist daher nicht damit getan, ein Einzelproblem anzugehen, nur ein Regierungssystem zu reformieren oder zu entwickeln, sondern auf einen ganz neuen Ansatz zurückgreifen, der alle Dimensionen, von Regierungsform zur sozialen Frage, von Wirtschaft bis zur technologischen Entwicklung, von der Bildung bis zur Identifikation lösen könnte und dabei alle relevanten Interessensgruppen mitnimmt.

Diese Seiten werden daher nicht nur Korrekturen an bestehenden Systemen vornehmen, sondern schlagen eine realistische und umsetzbare Lösung vor, um viele der dringlichsten Probleme der Menschheit zu lösen oder abzumildern.

Das AH-Modell, das positives Verhalten belohnt und negatives Verhalten abstraft. Ein Modell, das Staaten, Unternehmen und Menschen dahin erziehen soll, gesetzte Normen einzuhalten und zu erfüllen. Dabei ist das AH-Modell kein moralisches Modell. Es setzt auf den Egoismus und den Drang zur Profitmaximierung. Es setzt auf den homo oeconomicus. Nur, gestaltet es die Welt auf eine solche Art und Weise um, dass diese Maximierung nur dann gelingen wird, wenn das Verhalten nachhaltig und positiv ist. Kurz um: Eine unsichtbare Hand nutzt die natürliche Dynamik und erzieht zum Guten. Eine alternative Hegemonie.

Wie und auf welche Weise ein derartiges System aussehen könnte, soll auf den folgenden Seiten ausführlicher dargestellt werden.

Dabei sei allerdings vorab bemerkt, dass ein derartiges komplexes System sehr viele Detailfragen beinhaltet, die in dem knappen und vorgegebenen

Rahmen nicht in aller Ausführlichkeit besprochen, sondern oft nur angedeutet werden können.

In manchen Bereichen erfolgt zudem bewusst keine explizite Festlegung: Das AH-Modell ist nicht starr, sondern flexibel und pragmatisch. Oft sind daher mehrere gangbare Wege denkbar und eine dogmatische Festlegung erscheint in vielen Fällen wenig sinnvoll.

Das Modell der Alternativen Hegemonie ist einführbar und kann bereits morgen damit beginnen, die Geschicke der Welt zum Guten zu wenden.

Das Modell der Alternativen Hegemonie (AH-Modell)

Was ist das AH-Modell?

Das AH-Modell (Alternative Hegemonie Modell) ist eine Evolution des bisherigen internationalen Politik-und-Wirtschafts-Systems. Es entwickelt weiter, behält Strukturen bei und leitet negativ wirkende Dynamiken um.

Das AH-Modell erzieht Staaten, als auch Unternehmen und Menschen zu einem nachhaltigen Verhalten. Es belohnt dieses Verhalten und bestraft negative Abweichungen. Durch diese Anreize ist positives Verhalten profitabel, nachhaltig und wird bereits aus reinem Egoismus heraus angestrebt.

Dabei macht sich das AH-Modell die gleichen Kräfte zu nutzen, die in einem kapitalistischen System herrschen, leitet sie aber in eine neue Richtung: Aus der unsichtbaren Hand des Marktes, wird die unsichtbare Hand der Erziehung zum Guten.

Im AH-Modell lohnt sich positives Verhalten, denn es verspricht für alle Beteiligten Profitmaximierung.

Daher finden nachhaltige Handlungen Akzeptanz und werden sogar präferiert.

Der Grundgedanke

Viele Ideen und Konzepte sind idealistisch konzipiert und damit sie funktionieren, muss der Mensch grundsätzlich gut sein. Das AH-Modell geht dagegen davon aus, dass Staaten, Unternehmen und Menschen in der Mehrzahl egoistisch sind und den maximalen Nutzen anstreben.

Es bekehrt daher nicht, sondern nutzt den natürlichen Drang und leitet ihn um. Positives und nachhaltiges Verhalten führt durch das Modell zur Profitmaximierung. Aus diesem Grund werden sich Staaten, Unternehmen und Menschen schon aus egoistischen Motiven heraus, so verhalten oder ihr Verhalten anzupassen. Dabei funktioniert das AH-Modell ohne identitäre Entwurzelung, Systemänderungen in den einzelnen Ländern oder Einschnitte in das normale Dasein.

Im Grunde genommen vollendet das AH-Modell den Kapitalismus und versöhnt diesen gleichzeitig mit sozialen Idealen in einer egoistischen Hinwendung zum Guten.

Kernelement des AH-Modells: Alternative Hegemonie durch Technik

Das Kernelement des AH-Modells ist Technologie. Durch sie entfaltet das System seine Macht und erlangt, auf viele Jahrzehnte gesehen, alternative Hegemonie. Dieses gelingt über eine Bündelung der technologischen Forschungs- und Entwicklungsarbeit in neueingerichteten Technologiezentren. Besagte Zentren bündeln wissenschaftliche Kompetenz und entwickeln und testen nachhaltige Technologie. Durch ihre Größe, ihre finanziellen Möglichkeiten und ihr Prestige entstehen die größten Forschungs- und Entwicklungsabteilungen der Welt und damit der dominante Faktor für eine moralische Hegemonie durch Technik und Erziehung zum Guten.

Was steht am Anfang?

Neben einer umfassenden Öffentlichkeitskampagne und theoretischen Vorarbeiten, steht am Anfang die Geberkonferenz, in der sich die am AH-Modell teilnehmenden Staaten über Grundsatzfragen einigen, wie z.B.:

- Wie wird das Budget eingesetzt?

- Was wird erforscht?

- Welche rechtlichen und wirtschaftlichen Rahmenbedingungen müssen geschaffen werden

- Wie wird der AH-Fonds genau gestaltet?

Da die Geberkonferenz auch eine Kontrollfunktion hat, tritt sie in periodischen Abständen immer wieder zusammen.

Wer wird an den Technologiezentren beteiligt bzw. nimmt an der Geberkonferenz teil?

Die Technologiezentren werden durch einen AH-Fonds betrieben, der durch die Geberkonferenz beschlossen wird. Diese Variante ist nicht neu und wurde bereits mit dem Internationalen Währungs-Fonds (IWF) erfolgreich erprobt. In diesen AH-Fonds zahlen wiederum nur Ländern ein, die Mindestkriterien erfüllen. Typische Kriterien wären:

- Bewertung der demokratischen Strukturen

- Einhaltung Menschenrechte

- Pressefreiheit

- Soziale Standards

Grundsätzlich sind alle notwendigen Kennziffern bereits vorhanden. Sie müssen nun lediglich in einem Katalog fixiert und überwacht werden.

Näher Erläuterung zu den Kriterien für teilnehmende Länder

Zur Teilnahme eines Landes am AH-Fonds ist die Einhaltung von Mindestkriterien relevant. Diese könnten konkretisiert wie folgt aussehen:

- Bewertung der demokratischen Strukturen

  Hier gibt es bereits mehrere Verfahren durch unterschiedliche NGO-, Regierungsstellen und Unternehmen. Eine sehr große Reichweite hat beispielsweise der Demokratieindex der Zeitschrift „The Economist". Nach diesem können 19 Staaten als vollständige und weitere 56 als unvollständige Demokratien bezeichnet werden.

  Der genannte Index ist aber nur ein Beispiel für viele Versuche einer derartigen Messung. Gleich, welche Art am Ende präferiert wird; die Mittel und Verfahren bestehen bereits. Hier müsste lediglich eine Einigung erfolgen

- Einhaltung der Menschenrechte

Analog den demokratischen Strukturen, gibt es auch hier bereits zahlreiche Messverfahren und Statistiken, die sich um eine objektive Bewertung bemühen.

- Presse- und Meinungsfreiheit

  Auch hier ist eine Analogie zu sehen, denn letztendlich gilt: Ein Land mit einer eingeschränkten Presse- und Meinungsfreiheit, beinhaltet immer Konfliktpotential, das sich am Ende auch gegen positive Strukturen richten könnte. Ein Maximum an Freiheit wird aus diesem Grund angestrebt. Wiederum sind Messverfahren bereits vorhanden.

- Soziale Standards

  Ein schwieriger Punkt ist der Vergleich von sozialen Standards, da an dieser Stelle unterschiedliche Volkswirtschaften und Mentalitäten aufeinandertreffen. Wünschenswert wäre es, wenn ein Bürger eines Landes im Falle von Krankheit, Armut, Arbeitslosigkeit oder im Alter auf eine angemessene Versorgung zurückgreifen könnte. Allerdings muss zur Kenntnis genommen werden, dass derartige Forderungen auch in Demokratien nicht von allen getragen werden. Auf der anderen

Seite, handelt es sich bei den hier aufgezählten Kriterien auch nur um Vorschläge. Bei den sozialen Standards könnte daher zu Beginn ein kleinster gemeinsamer Nenner gesucht werden, der mit den Jahren nachhaltig ausgebaut wird.

- Bildungsquoten

  Da Bildung letztendlich der Hoheit des jeweiligen Staates unterliegt, ist eine grundsätzliche Vergleichbarkeit möglich. Allerdings sind natürlich unterschiedliche Ausbildungssysteme zu berücksichtigen. Da Bildungssysteme oft zu ideologischen Grabenkämpfen ausufern, sollten sich Bewertungskriterien an Grundfragen orientieren:

  a) Bestehen, unabhängig von der Herkunft, gleiche Chancen?

  b) Werden Startnachteile ausgeglichen?

  c) Ist das Bildungssystem in allen Ausprägungen für jedermann erreichbar und frei zugänglich?

  d) Ist es flächendeckend?

  e) Ist das Bildungssystem fähig, Bildung auf eine Art und Weise zu vermitteln, dass mit der Umsetzung der Befähigung ein Beruf ergriffen werden kann, der den eigenen Lebensunterhalt sichert?

Die Liste ist sicher nicht abschließend zu betrachten, zumal es bereits Messverfahren gibt, die weitaus tiefer in die Materie eindringen.

Relevant ist lediglich, dass eine objektive und keine ideologische Betrachtung des Bildungssystems erfolgt und kulturelle, meist nationale, Besonderheiten intensiv betrachtet werden und keine Bewertung nach starren Quoten erfolgt.

- Weitere Kriterien wie z.B. Waffenexporte, Klima- und Umweltgesetzgebung, Verbraucherrechte, Korruption oder Lobbyismus können ebenfalls betrachtet werden

Insgesamt betrachtet gibt es bereits brauchbare Verfahren und Erfassungen. Es gilt daher nur noch diese anzupassen und zu bündeln. Eine Ausarbeitung, eine Expertenkommission, in wenigen Wochen schaffen könnte.

Sicher wird am Ende erst einmal der kleinste Nenner stehen, dieser ist aber am Ende doch so groß, dass

Autokratien und Diktaturen keine Chance haben werden, Teilhaber zu werden.

Woher kommen die finanziellen Mittel zur Finanzierung des AH-Fonds?

Von den Mitgliedsstaaten, die wiederum einen AH-Fonds finanzieren, der die Technologiezentren verwaltet. Angedacht wären 2% des BIP des jeweiligen Landes im Jahr, welche den AH-Fonds mit ausreichend Kapital versorgen sollte.

Haben sich die Technologiezentren etabliert, werden die Forschungs- und Entwicklungsergebnisse dazu genutzt, Lizenzen zu vergeben, 'die wiederum Einnahmen generieren.

Später wäre es eine interessante Variante, die Rentensysteme der Mitgliedländer so umzustrukturieren, dass die ursprünglichen Beiträge ebenfalls in den AH-Fonds fließen und dieser auch die Renten auszahlt. Das wäre aber Zukunftsmusik.

Woher erhält das Technologiezentrum das Wissen und das Personal?

Der AH-Fonds wird mit 2% des BIP ausgestattet. Das entspricht einer jährlichen Summe von ca. 720 Milliarden US-Doller und schafft eine Marktmacht, die Abwerbungen, Einkauf und Wissenstransfer, notfalls durch komplette Übernahmen, leichtmachen sollten. Hinzu empfiehlt sich eine Propagandaoffensive, die das Prestige der Aufgabe herausstellt.

Der AH-Fonds nutzt daher seine Marktstellung, um:

- Qualifiziertes Personal bei bestehenden Unternehmen abzuwerben

- Strebsamen Nachwuchs an den Universitäten zu gewinnen

- Ggf. bei ganzen Unternehmen Aktienmehrheiten aufzukaufen und die Forschungs- und Entwicklungsabteilung zu übernehmen

- Kooperationen mit Unternehmen abzuschließen, die ihre Forschungs- und Entwicklungsabteilung öffnen und dafür von den Lizenzen, soweit die Nachhaltigkeitskriterien für Unternehmen erfüllt sind, profitieren

Warum sollte sich ein Staat überhaupt am AH-Modell bzw. an einem AH-Fonds beteiligen?

Es ist zu vermuten, dass potentielle Mitgliedsstaaten erst einmal aus der westlichen Hemisphäre stammen werden, da die meisten Impulse (z.B. Europäische Union, Nato, Uno) aus diesem geographischen Bereich kamen. Genau diese westliche Welt hat aber im Moment mit extremen Problemen zu kämpfen:

- Verlust von Wettbewerbsfähigkeit an nicht-demokratische Ordnungen

  Dieser lässt sich an den gängigen Indizes belegen, die besagen, dass die westlich, zumeist demokratische Welt deutlich an Wettbewerbsfähigkeit und Standortvorteilen eingebüßt hat. Eine relevante Studie hierfür wäre beispielsweise die des IMD (World Competitiveness Center), in der die genannte These belegt wird.

  Die Annahme, dass die asiatischen Staaten den Westen überholen werden ist keine Frage mehr des „ob“, sondern im Moment nur noch des „wann“.

  Eine schwächelnde Wirtschaft hat immer auch Auswirkungen auf Stabilität und Gesellschaft und wäre der Beginn von Unordnung und Chaos.

- Drohendes Scheitern internationaler Bündnisse und Abkommen (z.B. EU)

Neben des Verlusts der Wettbewerbsfähigkeit, scheitern auch immer mehr Projekte zu Vitalisierung und Stärkung der eigenen Position.

Die Europäische Union scheint nicht in der Lage zu sein, einen einheitlichen Wirtschaftsraum zu gestalten. Indirekte Transferzahlungen und Dauerkrisen sind die Folge, von denen der Brexit nur einen negativen Höhepunkt darstellt. Zwar werden zahlungskräftige Staaten das Konstrukt noch viele Jahre stützen können, allerdings kostet dieser Unterstützung wiederum Wettbewerbsfähigkeit. In der Summe ist die EU in einer Sackgasse und bedarf gründlicher und umfassender Reformen.

Das große transatlantische Freihandelsabkommen, das nichts weniger wollte, als eine Abschirmung eines neuen, viel größeren Marktes, ist nach heutigem Stand gescheitert.

- Vertrauensverlust in etablierte Institutionen und Spaltung der Bevölkerung; Re-Nationalisierung

In der gesamten westlichen Welt tritt vermehrt das Phänomen der Re-Nationalisierung auf. Teilweise sind

Gesellschaften gespalten und auch eine mediale Beschönigung kann die realen Gegebenheiten nicht verklären. In vielen westlichen Gesellschaften fehlt nur ein Impulsgeber, um die bestehende Ordnung völlig aus den Angeln zu heben. Dieser konnte im letzten Jahr gleich zweimal (Brexit, Donald Trump) beobachtet werden. Inzwischen ist davon auszugehen, dass ein bemerkenswerter Teil der Bevölkerung dem jeweils herrschenden System skeptisch gegenübersteht und ggf. nur noch auf wählbare Alternativen warten. Eine gefährliche und weithin unterschätze Situation, die natürlich letztendlich auch durch schlechte Politik erst verursacht wurde.

- <u>Teilweise demographische Probleme</u>

Laut aktuellen Studien gibt es in der Europäischen Union mehr Menschen im Alter von über 65 als junge Personen unter 15 Jahren. Das bedeutet nichts weniger, als dass die Gesellschaften radikal überaltern und dieses sich Radikal auf die Gesellschaft und Wirtschaft auswirken wird.

Gerade Systeme, in denen die Altersvorsorge über ein Umlageverfahren finanziert werden, stehen vor einer demographischen

Katastrophe und müssen hierfür zeitnah Lösungen finden oder aber mit sozialen Problemen rechnen.

- Langsamkeit, Unterwanderung, Aushebelung und Beeinflussung demokratischer Prozesse

  Ein weiteres Problem ist die Aushöhlung der demokratischen Instanzen durch Verkrustungen, Machtkonzentration, Marktmacht der etablierten Kräfte, Lobbyismus und die Abgabe an übernationale Instanzen. Einerseits erscheint der Einfluss des einfachen Bürgers zu gering, die alternativen Einflussfaktoren zu groß. Daher bedürfen im Grunde genommen auch die demokratischen Strukturen einer völligen Neubetrachtung und Überarbeitung.

- Soziale Frage, Infrastruktur- und Identifikationsprobleme, schwindende Bildungsleistungen

  Neben den bereits genannten, spielen natürlich noch eine Vielfalt weiterer Faktoren eine Rolle. Diese im Einzelnen auszuführen, würde allerdings den Rahmen dieser kurzen Vorstellung sprengen,

Alles in Alle, geht die Tendenz unzweifelhaft dahin, dass die westliche Welt ihre Vorherrschaft in den nächsten Jahrzehnten unwiderruflich verlieren wird. Sie ist daher zu Reformen gezwungen und derartige Versuche, egal ob Freihandelsabkommen oder eine Vertiefung der Europäische Union, immer steckt die Idee dahinter, die eigene Position zu halten und sich auf einen Konkurrenzkampf vorzubereiten, auch, wenn dieses nicht in der Intensität kommuniziert wird, wie es vielleicht notwendig wäre.

Ein Teil dieser Versuche ist erfolgreich (z.B. Nato, UN) einige scheinen bereits gescheitert (z.B. Transatlantisches Freihandelsabkommen), andere sind noch am Laufen, es fehlt ihnen aber an Akzeptanz (z.B. Europäische Union).

Die Bereitschaft zur Kooperation für internationale Projekte ist daher vorhanden, auch zu jenen, die erst einmal ein hohes Investitionsvolumen notwendig machen.

Auf der einen Seite steht diese Bereitschaft, auf der anderen die unabänderliche Notwendigkeit, den eigenen Wohlstand zu erhalten: Diese Faktoren machen das AH-Modell umsetzbar.

Gleichfalls bedeutet dies aber nicht, dass die Tür lediglich für Staaten der westlichen Welt offensteht. Das AH-Modell begrüßt jeden Staat, der die Mindestkriterien erfüllt.

Was wird geforscht?

Die Forschung selbst ist mannigfaltig. Voraussetzung ist aber Nachhaltigkeit und Einsatz zum positiven Nutzen. Hier muss eine Einigung auf Geldgeberkonferenzen erfolgen. Themen wären z.B.:

- Steigerung der Effizienz bei der Nutzung erneuerbarer Energien (z.B. Steigerung der Kapazität von Batterien bei Elektro-Fahrzeugen)

- Entwicklung von Saatgut für klimatisch schwierige Anbauzonen

- Medizinische Grundlagenforschung für Krankheiten, um Patente zu generieren

- Weiterentwicklung der digitalen Übertragungswege (z.B. effizientere Netze und das Setzen von Standards)

- Und weitere Themen

Was ist das Wesen dieses AH-Fonds und wie wird er kontrolliert?

Der AH-Fonds wird Eigentümer und Marktteilnehmer. Er übernimmt die Rolle eines nachhaltigen Superkonzerns. Der AH-Fonds wird wie ein Unternehmen geleitet und durch einen bestellten Vorstand geführt.

Der Vorstand ist dem Aufsichtsrat Rechenschaft schuldig, dessen Mitgliedern von den Geberländern berufen werden. Der Aufsichtsrat ist der Geberkonferenz, der Öffentlichkeit und den nationalen Parlamenten Rechenschaft schuldig. Zudem gibt es gesonderte Transparenzpflichten. Innerhalb des Fonds wird zusätzlich eine unabhängige Stelle installiert, welche die Mindestkriterien für Staaten und Unternehmen überwacht. Der Vorstand ist dieser gegenüber nicht weisungsbefugt.

Grundsätzlich lässt sich eine Analogie zum internationalen Währungsfonds (IWF) ziehen, der zeigt, dass sich eine derartige Idee in die Praxis umsetzen lässt, wenn auch die inhaltliche Zielsetzung eine andere ist. Das vielgerühmte Rad muss daher nicht neu erfunden, sondern es kann auf bestehende Erfahrungswerte zurückgegriffen werden.

Wie ist das Verhältnis des AH-Fonds zu den Unternehmen?

Als größter Marktteilnehmer hat der AH-Fonds Marktmacht, die er auch einsetzt. Er besitzt die Möglichkeit, Unternehmen aufzukaufen, in den

Wettbewerb zu treten oder mit ihnen zu kooperieren. Nutzungs- und Produktionslizenzen vergibt er nur an jene Unternehmen, die Nachhaltigkeitskriterien (z.B. Löhne, soziale Standards, Arbeitsbedingungen usw..) erfüllen. Gleichzeitig werden mit den Lizenzen auch die Länder bestimmt, in denen ein Produkt verkauft werden darf. Damit zwingt der Fonds die Unternehmen, ähnlich wie die Staaten, zur Anpassung und Nachhaltigkeit. Der Alptraum der Weltherrschaft durch Großkonzerne wird damit vorzeitig beendet. Grundsätzlich ist es – in Ausnahmefällen – auch denkbar, dass einzelne Firmen ihre Forschungs- und Entwicklung in den AH-Fonds eingliedern. Dieses aber nur bei strengsten Nachhaltigkeitsprüfungen.

Welche Kriterien legt der AH-Fonds an Unternehmen an?

Analog zu den Staaten, erfolgt eine Kooperation nur mit Unternehmen, die ein nachhaltiges Verhalten an den Tag legen. Kriterien hierfür wären:

- Transparenz

  Jedes Unternehmen, das sich um eine Lizenz bemüht, hat besondere Transparenzpflichten, die aber primär die Verwendung der Lizenzen betreffen. Auf diese Art und Weise soll die nachhaltige Verwendung gesichert wrden

- Marktbeschränkungen

  Da nur nachhaltige Staaten von der Forschung- und Entwicklungsarbeit profitieren sollen, werden den Lizenznehmern die Absatzmärkte für Produkte mit Lizenzbezug vorgeschrieben und beschränken sich auf die teilnehmenden Länder. Die sonstigen Produktionserzeugnisse sind davon nicht betroffen.

- Produktionsbedingungen

  Zur Nachhaltigkeit gehören auch die Produktionsbedingungen für alle Produkte des Unternehmens. Menschenunwürdige Bedingungen werden mit einem unmittelbaren Verfahren sanktioniert, an dessen Ende der Lizenzentzug stehen kann.

- Umweltschutz

  Unternehmen, die wiederholt gegen Umweltschutzvorschriften verstoßen, erhalten nur Lizenzen, wenn diese Mängel nachweislich beseitigt wurden. Gleiches gilt, wenn diese Verstöße zu einem späteren Zeitpunkt auftreten

- Abhängigkeitsverhältnis von Staaten oder anderen Unternehmungen

  Unternehmen sind dahingehend zu prüfen, ob Staaten oder weitere Unternehmen, welche die Standards des AH-Modells nicht erfüllen, Einfluss nehmen und gegebenenfalls abzulehnen.

- Umgang mit Mitarbeitern

  Ein weiterer beachtenswerter Punkt ist der Umgang mit den eigenen Mitarbeitern. Interessante Fragen wären:

  o Wird angemessen entlohnt?

  o Wird gerecht entlohnt?

  o Wie ist die Historie beim Personalabbau?

  o Wie bei der Zeitarbeit?

  o Gibt es eine betriebliche Altersvorsorge?

  o Wie gestalten sich die Aufstiegsmöglichkeiten?

  o Gibt es die Chance der betrieblichen Mitbestimmung?

o   Wie ist das Verhältnis zu den
    Gewerkschaften?

Analog zu den Staaten, gibt es auch bei den
Unternehmen eine Vielfalt von bereits heute
nutzbaren Kriterien, um eine Entscheidung zu
treffen, ob das jeweilige Konsortium für eine
Lizenzvergabe oder eine Beteiligung geeignet ist.

In der Summe zwingt das AH-Modell Unternehmen
nicht nur zur Transparenz, in dem es neue
Rechenschaftspflichten einführt, sondern auch zu
einem nachhaltigen Verhalten, da bei
Zuwiderhandlung der Entzug der Lizenzen führt.
Dieser Zwang ist aber kein direkter, sondern schlicht
der Druck des Marktes. Am Ende werden die
Unternehmen nicht aus Gründen der Nachhaltigkeit
den neuen Kurs akzeptieren, sondern schlicht, weil
dieser Weg den maximalsten Profit entspricht und
ein Ausschluss aus den Lizenzierungen
wirtschaftliche Nachteile bringen würde. Die
unsichtbare Hand der Erziehung wirkt auch hier.

Haben nachhaltige Unternehmen ein Anrecht, Lizenzen zu erhalten?

Sollten Unternehmen die Mindestkriterien erfüllen, so müssen sie einen Rechtsanspruch auf ein Lizenzierungsverfahren erhalten.

Dieses ändert allerdings nichts daran, dass die Lizenzen Einschränkungen für die Nutzung (Produktions- und Verkaufsorte) besitzen.

Könnten Schein-Vorzeigeunternehmen nicht benutzt werden, um sich den Zugang zur Technologie zu erschleichen?

Die Idee, dass sich ein Staat oder eine Unternehmensgruppe, welche die Mindestkriterien nicht erfüllen, über zahlreiche Umwege in ein „sauberes" Unternehmen einkauft oder eingekauft hat, ist gegeben, scheitert aber an den Transparenz- oder Offenlegungspflichten, die den Unternehmen auferlegt werden.

Lässt es sich wirklich vermeiden, dass Produkte, die auf die Lizenzen beruhen, auch auf kritischen Märkten veräußert werden?

Auf legalem Wege kann ein Verkauf auf unerwünschten Märkten natürlich untersagt und sanktioniert werden. Derartige Embargos gibt es bereits heute. Ein Beispiel wäre das Waffengeschäft. Grundsätzlich ist auch zu überlegen, ob jedes Produkt von jedem unerwünschten Markt ausgeschlossen werden muss. Hier sollte die Entscheidung vom Produkt abhängig gemacht werden.

Der illegale Pfad wird dagegen nie ganz geschlossen werden können, jedoch sollten derartige Abweichungen für das AH-Modell nicht von großer Relevanz sein.

Warum sollte der AH-Fonds bei der Forschungs- und Entwicklungsarbeit erfolgreicher sein, als freie Unternehmen?

Der AH-Fonds wird zum einen wie ein Unternehmen, wenn auch mit besonderen Transparenzpflichten geführt, besitzt aber mehr finanzielle Mittel, zentriert mehr Wissen und wird bei der Forschung nicht durch Gewinnmaximierungsdenken gebremst. Kurz zusammengefasst:

Durch seine Marktmacht, sein Image und seinen Willen, die Besten der Besten für eine gute Sache mit höchstem Einsatz zu gewinnen.

Ersetzt das AH-Modell den Kapitalismus?

Nein, es lenkt dessen Kräfte nur in bessere Bahnen. Es möchte den freien Markt gar nicht abschaffen. Jedem Unternehmen steht frei, den Fonds zu ignorieren und so weiter zu agieren, wie bisher. Der AH-Fonds ist am Ende nur der größte Marktteilnehmer, der für Geschäfte mit ihm, Bedingungen setzt. Der Markt bleibt bestehen und agiert wie gehabt. Durch die reine Marktmacht des AH-Fonds wird der Markt, durch die unsichtbare Hand der Erziehung, allerdings und ohne wenig produktive Mittel der Planwirtschaft zu bemühen, zur Nachhaltigkeit gelenkt.

Der AH-Fonds vergibt Nutzungs- und Produktionslizenzen an kooperierende, nachhaltige Unternehmen gegen Entgelt. Die Unternehmen beliefern die festgelegten Märkte. Sie werden bei diesen Produkten reglementiert. Damit werden nachhaltige Technologien und der Fortschritt über bekannte Vertriebswege eingestreut.

Dieses Vorgehen beendet den freien Markt nicht, denn es liegt an den Unternehmen, welche Produkte sie in welcher Qualität schaffen. Im Gegenteil wird der Wettbewerb sogar gefördert.

Was ist mit Staaten, die trotz aller Bemühungen, die Mindestkriterien noch nicht erfüllen?

Staaten, die auf dem Weg sind, die Mindestkriterien zu erfüllen sind, können nach einem Stufenplan beteiligt werden („Anwärter"). Hier kann eine Analogie zum Beitritt von Staaten zur Europäischen Union gezogen werden.

Was geschieht mit Staaten, welche die Mindestkriterien nicht erfüllen wollen?

Die entwickelten Technologien werden nur jenen Staaten zur Verfügung gestellt, die ein positives und nachhaltiges Verhalten („Mindestkriterien") aufzeigen.

Besagte Kriterien (z.B. Menschenrechte, Pressefreiheut, soziale Standards usw..) werden durch eine unabhängige Kontrollinstanz stetig kontrolliert und überwacht.

Staaten, die sich den Kriterien verweigern werden vom technologischen Fortschritt ausgeschlossen, aber indirekt durch die unsichtbare Hand der Erziehung zur Anpassung gezwungen. So wie sie sich heute nicht der Macht des Marktes entziehen können, werden sie sich auch nicht der Macht der Erziehung entziehen können. Diktaturen und Autokratien werden zum Auslaufmodell.

Was ist mit kontraproduktiven Nationalstaaten, die technisch bereits ein hohes Level haben?

Unzweifelhaft gibt es auch erfolgreiche Autokratien und autoritäre Strukturen. Bei diesen wird die unsichtbare Hand der Erziehung nicht auf Anhieb wirken oder eine längere Vorbereitungszeit notwendig machen. Auch ist es durchaus möglich, dass ernsthafte Konflikte auftreten.

Allerdings sind diese Konflikte völlig unabhängig vom AH-Modell. Da der Westen seine Vormacht nicht kampflos aufgeben möchte, sind sie sogar unausweichlich. Es wäre daher naiv zu glauben, dass das AH-Modell Konflikte generiert. Im Gegenteil werden Trennlinien nur deutlich sichtbarer und am Ende überwunden.

Was ist mit den Menschen?

In den bisherigen Abschnitten wurde primär auf das Verhalten von Staaten und Unternehmen eingegangen, sowie auf das wirtschaftliche System im Allgemeinen. Jede Evolution betrifft aber am Ende den Staatsbürger in seinem jeweiligen Land und für ihn verändert das AH-System das Leben zum Besseren:

- Dadurch, dass die Staaten die Mindestkriterien erfüllen müssen, wird z.B. eine demokratische Ordnung, die Einhaltung der Menschenrechte oder Gleichheit vor dem Gesetz unabänderlich zementiert

- Die Unternehmen werden dagegen ebenfalls zur Nachhaltigkeit erzogen. Umweltsünden, Ausbeutung oder Lohndumping entfallen

- Durch die neuen Technologien blüht die Wirtschaft. Arbeitsplätze entstehen, allgemeiner Wohlstand wird zum Standard

- Neue Technologien z.B. in der Medizintechnik verbessern das individuelle Lebens

- Das AH-System garantiert die kulturelle Integrität, d.h. die Menschen verlieren nichts, sondern gewinnen nur dazu

- Usw..

In der Summe ist das Individuum der große Gewinner des AH-Systems. Es würde zwar auch ohne die Bürger funktionieren, dieses wird aber nicht als sinnvoll erachtet, da eine Ausgrenzung oder gar ein autoritärer Zwang bei einem Modell, das das Leben aller verbessern möchte, weder notwendig, noch zielführend sein kann und darf.

Werden die oft gespaltenen Gesellschaften das AH-Modell akzeptieren?

Laut aktuellen Studien ist das Vertrauen in die etablierten Institutionen der westlichen Welt deutlich zurückgegangen. Manche Gesellschaften gelten sogar als gespalten.

Das AH-Modell trägt zu diesem Auseinanderdriften nichts bei, sondern versöhnt. Im Gegenteil viele Kräfte wieder miteinander, die im gängigen politischen System unvereinbar erscheinen. Einige Beispiele hierfür wären:

- Internationalismus vs. Nationalismus

Das AH-Modell beeinflusst das Leben aller direkt oder indirekt und verbessert es langfristig. Gleichzeitig greift er jedoch nie in die kulturelle Identität ein. So ist für beide Seiten ein Kompromiss gefunden.

- Freier Markt vs. Sozialstaat

Das AH-Modell nutzt die Kräfte des freien Marktes und leitet sie um. Dadurch ist nachhaltiges Verhalten lohnend und verspricht den meisten Profit. Diese Nachhaltigkeit bedingt wirtschaftlichen Aufschwung und damit auch Möglichkeiten, einen angemessenen Sozialstaat zu schaffen. Gleichzeitig greift das AH-Modell aber darüber hinaus nicht in den freien Markt ein. Kein Unternehmer muss die Enteignung fürchten.

- <u>Parlamentarische vs. Direkte Demokratie</u>

Das AH-Modell setzt Mindestkriterien. Wie diese erfüllt werden, ist nicht von Interesse. Der genaue Aufbau der demokratischen Grundordnung ist Sache der Länder und abhängig von den demokratischen Traditionen.

Wie kann eine breite Unterstützung von Beginn an gewonnen werden?

Bevor es zur Einführung des AH-Modells kommen kann, ist es von Nöten die Idee selbst zu verbreiten. Grundsätzlich sind zwei Wege der Durchsetzung denkbar, die beide parallel gegangen werden sollten:

- <u>Von unten nach oben</u>

  o   Verbreitung der Idee im Internet

  o   Aktive Ansprache der demokratischen Einrichtungen

  o   Starten von Petitionen

  o   Schaffen einer Graswurzelbewegung

o   Starten einer Bewegung für eine bessere Zukunft

- <u>Von oben nach unten</u>

    o   Prominente und Medien propagieren die Idee

    o   Relevante Organisationen und Politiker sind vom Nutzen des AH-Modells überzeugt

In der Summe hat das AH-Modell das Potential beides zu sein: Eine Idee, die vom Volk getragen wird, aber auch eine, die an die Menschen herangetragen werden kann.

Wie sieht der Fahrplan des AH-Models für eine bessere Welt aus?

Phase 0 (2019 – 2023)

In einer vorbereitenden Phase ist es wichtig, das AH-Model einer breiten Öffentlichkeit vorzustellen und vor allem, in klaren und einfachen Worten, zu kommunizieren, dass es sich nicht um einen weiteres Versuch handelt, die Welt aus ihren Angeln zu heben, sondern die kulturellen Besonderheiten und Traditionen erhalten bleiben und lediglich jene Kräfte in bessere Bahnen gelenkt werden, die Vielfach außer Kontrolle geraten scheinen. Es bietet sich auch an, in dieser frühen Phase, um prominente Unterstützer zu buhlen und aktiv Lobbyarbeit bei Legislative und Exekutive zu betreiben.

Am Ende sollte sowohl eine Bewegung aus dem Volk, als auch eine Unterstützung durch das Establishment geschaffen sein.

Gleichzeitig ist es wichtig, bereits in dieser Phase aktiv an Schulen, Universitäten und bei Fachkräften zu werben, um die Personalbeschaffung zu gewährleisten und erste Gespräche mit Unternehmen zu führen.

Parallel dazu wird ein Katalog erstellt, in dem Mindestkriterien festgelegt werden, die einzuhalten sind, um am AH-Modell teilnehmen zu dürfen. Typische Kriterien wären z.B. Einhaltung der Menschenrechte, Pressefreiheit oder die Existenz eines demokratischen Systems. Hierfür können die bekannten Gremien der UN und die Studien genutzt werden. Für Staaten, welche die Kriterien noch nicht erfüllen, wird ein Stufensystem entwickelt, mit dessen Hilfe eine schrittweise Heranführung an die Standards erfolgen kann.

Generell sollten alle rechtlichen, wirtschaftlichen und theoretischen Grundlagen so zu fixieren werden, dass am Ende nur noch der Startschuss erfolgen muss.

Phase 1 (2023 – 2025)

In der ersten Phase finden erste Geberkonferenzen statt. In diesen erfolgt eine Festlegung von Budget, Rahmenbedingungen und zu fördernden Technologien. Gleichfalls werden die Wege der Personal- und Wissensbeschaffung konkretisiert und die Realisierung eingeleitet.

Personalentscheidungen für die Verwaltung des AH-Fonds werden finalisiert.

Kurzum; aus der Theorie, die jahrelang vorbereitet wurde, wird durch Beschluss Praxis.

Parallel zu diesen Vorgängen finden finale Gespräche mit Unternehmen statt, um künftige Kooperationen und Lizenzvergaben auszuloten. Die Mindestkriterien werden artikuliert und sind innerhalb eines zeitlichen Rahmens zu erfüllen.

Gemeinsam wird der AH-Fonds aufgelegt, in den die teilnehmenden Staaten 2% ihres Bruttoinlandsproduktes einzahlen. Dieses entspreche bei einer Teilnahme nur der Europäischen Union und der USA einer jährlichen Einzahlung von 720 Milliarden US-Dollar. Der Mechanismus zur Überwachung der Kriterien wird ebenfalls installiert.

Grundsätzlich ist davon auszugehen, dass die Vorbereitung einige Jahre dauern wird und der AH-Fonds erst am Ende, im Jahr 2025 starten kann.

Phase 2 (2025 – 2030)

In der zweiten Phase sollte die öffentliche Kommunikation intensiviert werden. Eine allgemeine Akzeptanz müsste erreicht sein.

Der AH-Fonds verfügt inzwischen über die Mittel, um ein erstes Technologiezentrum zu errichten.

Für den Bau sind erst einmal 3 Jahre angesetzt. In dieser Zeit wird Fachpersonal angeworben. Dieses sollte durch die gezielte Bewerbung an den Universitäten und durch entsprechend hoher Entlohnung, bei gleichzeitig positivem Image, problemlos funktionieren.

Schwieriger erscheint der Wissens-Transfer, aber auch hier sollte die überragende Marktmacht konsequent eingesetzt werden. Konzerne können aufgekauft oder, soweit sie bereits im Staatseigentum stehen, eingebracht werden. Unternehmen, deren Forschungs- und Entwicklungsabteilungen nicht geöffnet werden, werden später von den Produktions- oder Lizenzvergaben ausgeschlossen. Grundsätzlich gibt es viele effiziente Möglichkeiten, um Wissen zu transferieren.

Nach dem Bau des ersten Technologiezentrums beginnt die Forschungs- und Entwicklungsarbeit, bei dem erste Ergebnisse im Jahr 2030 erwartet werden können.

Phase 3 (ab 2030)

Der AH-Fonds wird so zur größten Forschungs- und Entwicklungseinrichtung der Welt und vermutlich die einzige, die unter demokratischer Kontrolle steht. Er vergibt nun Lizenzen für Produkte und

Patente an Unternehmen, die ihre Anpassungsfähigkeit nachweisen. Dieses entwickeln, produzieren, vermarkten und verkaufen. Allerdings nur in bzw. an Länder, welche die Mindestkriterien des AH-Models erfüllen. Diese Kriterien werden durch die UN stetig weiter kontrolliert und die Lizenzen gegebenenfalls entzogen.

Grundsätzlich wäre es auch eine Überlegung wert, ob der AH-Fonds nicht Produkte oder Produktionsstätten in bestimmten Regionen subventioniert. Es wird allerdings davon abgeraten, da das AH-Modell nicht in nationale Selbstständigkeiten oder den freien Markt eingreifen möchte.

Sowohl Unternehmen, als auch Staaten wissen, dass ihnen bei einem negativen Verhalten der Weg zu neuen Technologien beschnitten werden wird und so werden sie, wenn teilweise auch aus egoistischen Motiven, sich zum Guten wenden.

Somit wirkt erstmal die unsichtbare Hand der Erziehung auf Staaten, Unternehmen und indirekt auch auf die Menschen. Kriege werden unproduktiv. Die Technologien und Produkte lösen erste Probleme

Phase 4 (ab 2033)

Die neuen Technologien bewirken einen wirtschaftlichen Boom und die digitale Wende gelingt. Dadurch, dass der freie Markt beinahe erhalten bleibt und auch die Integrität, abgesehen vom Erziehungsaspekt, der Länder nicht berührt wird. Die kulturelle Vielfalt wird durch das AH-Modell nicht angegriffen.

Durch die wirtschaftliche Blüte und den Forstschritt werden „gute" Staaten wieder zu Leuchttürmen und Sehnsuchtsorten für technologisch rückständige Gebilde. Die Bevölkerung in Autokratien und Diktaturen nimmt den Rückstand wahr und die Regierungen sind zu einer Änderung gezwungen. Gleiches gilt für Unternehmen, die bislang die Kriterien nicht erfüllen konnten oder wollte. Die unsichtbare Hand der Erziehung übt Druck aus. Vermittelt wird dieser Druck durch die Aktionäre oder durch die Bevölkerung, die Reformen verlangt oder autoritäre Regime sogar stürzt. So werden nach und nach alle Nationalstaaten daher zu Werten und zur Nachhaltigkeit erzogen. Gleiches gilt für Unternehmen, die ohne eine Verhaltensänderung erhebliche Nachteile im Wettbewerb hätten.

Diese einheitlichen Standards macht ein Zusammenrücken der Welt noch einfacher. Die unsichtbare Hand der Erziehung entfaltet totale Wirkung

Phase 5 (ab 2060)

Autokratien und Diktaturen gibt es nicht mehr. Es ist selbstverständlich, dass der AH-Fonds die Forschung- und Entwicklung des Planeten steuert.

Da die Nationalstaaten nie in Frage gestellt wurden, aber durch das Anreizsystem in eine positive Richtung gesteuert wurden, ist das Identifikationspotential hoch.

Die technologische Entwicklung hat große Probleme gelöst (z.B. Klimaproblematik, Umweltschutz, Demokratieprobleme, Kriege) und kann nun weitere angehen (z.B. Überbevölkerung oder globalen Hunger). Es herrscht eine alternative Hegemonie.

Das AH-Modell hat die Welt zu einem besseren Ort gemacht.

Zusammenfassung

Das Alternative-Hegemonie-Modell ist mehr als nur ein Regierungsmodell. Das alleine würde an den bestehenden Strukturen scheitern. Es ist allumfassend. Mit ihm beginnt eine neue Zeit. Es erhält und entwickelt weiter.

Dass bei einer solch umfassenden Idee noch viele Details geklärt werden müssen, versteht sich von selbst. Sie selbst ist allerdings so angelegt, dass Pragmatismus und Flexibilität herrschen und nicht Dogmatik.

Selbstverständlich ist auch der vorgestellte Zeitplan ambitioniert, allerdings erscheint es sinnvoller, besser eine straffe Agenda zu haben, als dauerhafte Unverbindlichkeit, denn am Ende werden die schwerwiegenden Probleme keinen Aufschub dulden.

Noch kann die Welt aus voller Stärke heraus, den Umschwung zum Guten oder zumindest zum Besseren schaffen. Das allerdings könnte sich mit jedem weiteren Tag ändern. Daher ist es jetzt an der Zeit, einen Schritt in die Zukunft zu wagen und nicht zu warten, bis die Handlungsmöglichkeiten derartig eingeschränkt werden, dass ein Agieren nicht mehr möglich ist, sondern bestenfalls noch ein Reagieren.

Es besteht bereits ein System und dieses scheint nicht dazu in der Lage zu sein, bestehende Probleme auf eine Art und Weise zu lösen, dass das Wohl aller im Auge behält.

Märkte allein werden die Welt nicht besser machen. Der Glaube an Ideologien oder Utopien ebenso wenig. So stark letztere von Minderheiten und Fanatikern auch propagiert werden, so wenig werden sie jemals Akzeptanz bei den Massen finden und am Ende lediglich Spaltungen und Hass provozieren.

Letztendlich gibt es nur eine Lösung: Alternative Hegemonie durch Technologie und Erziehung zum Guten unter der Vermeidung von Widerständen. Oder vereinfacht: Das AH-Modell.

Das Modell der Alternativen Hegemonie als Problemlöser

Das Modell der Alternativen Hegemonie ist mehr als ein theoretisches Konstrukt. Es ist eine Idee. Ein Funken, der einen Flächenbrand auslösen kann. Es ist die Vorstellung, dass es noch nicht zu spät ist, dem Weltgesehen eine positive Richtung zu geben.

Derartiges ist immer ambitioniert und in der Geschichte oft gescheitert bzw. zog grauenhafte Konsequenzen nach sich. Doch, wie sieht die Wirklichkeit aus? Die Staaten, die versuchen Werte zu vertreten werden schwächer und verlieren an Wettbewerbsvorteilen. Autokratien sind mittlerweile auch wirtschaftlich erfolgreich. Versuche, die alte Vormacht wieder herzustellen scheitern oder aber finden wenig Akzeptanz. Die Geschichte aber wartet nicht. Der momentane Trend wird weitergehen: Gespaltene Gesellschaften, Verlust an internationalen Einfluss und eine Konkurrenz die zeigt, dass zumindest ökonomischer Erfolg auch ohne lästige Dinge wie Menschenrechte oder Demokratie funktionieren kann.

Dies bedeutet nichts weniger, als, dass die Möglichkeiten zu Veränderungen, die noch einige Jahre vorhanden sind, schwinden werden. Daher ist es an der Zeit, jetzt zu beginnen, bevor aus

Hauptdarstellern, überspitzt formuliert, Statisten werden.

Zur Verbesserung gehören daher immer auch Ehrlichkeit und ein Eingeständnis. Die Ehrlichkeit, dass die bisherige Ordnung sich verschiebt und das Eingeständnis, dass viele Gegenmaßnahmen zu scheitern drohen.

Die Zeit, teilweise schon gescheiterte Experimente zu verbessern oder isolierte Lösungen zu erdenken, deren praktische Umsetzung am Ende doch an Lobbyismus oder Ängsten scheitern, ist vorbei.

Es ist an der Zeit für den ganz großen Wurf. Eine Idee, die schnell und effektiv in die Praxis umgesetzt werden kann, keine identitäre Entwurzelung der Massen fordert und auch die Natur des Menschen, die eben nicht nur durch Liebe und Altruismus gekennzeichnet ist, nicht verkennt. Ein Gedanke, der begeistert und doch individuellen Nutzen verspricht. Und ein solcher ist das AH-Modell. Die egoistische Hinwendung zum Guten.

Dass ein solches Modell nur schwer in wenige Worte gefasst werden kann, versteht sich von selbst. Trotzdem ist dies auf den letzten Seiten geschehen und soll in der Folge noch ein wenig ausgebaut werden.

Wie sichert das AH-Modell Grundwerte?

Die Einhaltung der Grundrechte- und Werte ist eine der Bedingungen, um vom AH-Modell überhaupt profitieren zu können.

Das AH-Modell nutzt bestehende Dynamiken zur Erziehung zum Guten. Ähnlich wie die unsichtbare Hand des Marktes, existiert eine unsichtbare Hand der Erziehung. Es sichert damit nicht nur Grundwerte, sondern ermöglicht deren Einforderungen in vielen Ländern erst. Positives Verhalten wird belohnt, negatives sanktioniert.

Grundwerte einzuhalten wird profitabel und damit, jenseits aller Moral, erstrebenswert.

Demonstriert soll das an zwei Beispielen werden:

- Recht auf Meinungsfreiheit

  Meinungsfreiheit ist ein hohes Gut. Länder, bei denen die freie Meinungsäußerung unterdrückt wird, erhalten keine Möglichkeit, sich am AH-Fonds zu beteiligen. Es wird keine Lizenzen an diese Länder geben, sie profitieren auch nicht von den Gewinnen und auch Produkte dürfen nur eingeschränkt auf ihren Märkten verkauft werden. Damit werden sie von der Zukunft abgeschnitten. Dieser Vorgang bewirkt indirekten Druck auf die Regierungen, der vielleicht auch noch direkt durch die Staatsbürger intensiviert wird.

Durch diesen Druck kann in vielen Ländern die Meinungsfreiheit erstmalig durchgesetzt werden. Auf der anderen Seite ist es auch für die Regierung profitabel, denn die neuen Rechte müssen sich nicht zwangsläufig gegen sie richten, sondern ermöglichen eine neue Epoche des Wohlstands, der unter Umständen auch mit dem bisherigen Regime in Verbindung gebracht wird.

Ob am Ende doch der Sturz oder Anpassung; die unsichtbare Hand der Erziehung wirkt.

- Soziale Produktionsbedingungen

Der AH-Fonds kooperiert nur mit Unternehmen, die nachhaltige Kriterien erfüllen und soziale Standards einhalten. Ein Unternehmen, das seine Produkte unter schlechten Bedingungen produzieren lässt, wird von der Lizenzvergabe ausgeschlossen. Es hat nun zwei Möglichkeiten: Entweder auf die Lizenzen verzichten oder aber die Bedingungen verbessern. Da ein Verzicht auf Kooperation langfristig zu Wettbewerbsnachteilen führen wird, wird die Anpassung bevorzugt. Das schon alleine deswegen, weil diese Lösung den maximalen Profit verspricht.

Damit ändern sich natürlich auch die Arbeitsbedingungen der Mitarbeiter. Sind diese besser, wird den Arbeitnehmern ein besseres und würdigeres Leben ermöglicht. Damit trägt die unsichtbare Hand der Erziehung indirekt zu Verbesserung der persönlichen Lage und damit auch der Durchsetzung von Grundwerten bei.

Entscheidungskompetenz und Effizienz der Entscheidungsprozesse

Die Entscheidungskompetenzen im AH-Modell sind abhängig von der jeweiligen Phase. In der Zeit der Implementierung ist es von Nöten, die Rahmenbedingungen des Fonds festzulegen und sich auf Ziele und Kriterien zu einigen.

Nach Start des AH-Fonds existieren diese Geber-Konferenzen fort und legen weiter die Schwerpunkte fest. Der Fonds selbst wird durch einen Vorstand verwaltet und in der Summe von diesem wie ein Unternehmen geführt. Intern und Extern existieren allerdings erweiterte Transparenzvorgaben. Innerhalb des Fonds soll auf Dauer auch die Kontrollinstanz für die Überwachung der Kriterien untergebracht sein, allerdings wären hier auch externe Lösungen denkbar. Die Kontrollinstanz für die Mindestkriterien ist allerdings kein Weisungsempfänger des Vorstandes, sondern unabhängig.

Der Vorstand wird von einem Aufsichtsrat kontrolliert, der sich aus Vertretern der nationalen Parlamente zusammensetzt. Eine Analogie zu einer Aktiengesellschaft ist damit gegeben. Der Aufsichtsrat ist den nationalen Parlamenten, der Geber-Konferenz und der Öffentlichkeit Rechenschaft schuldig und stimmt sich bei großen Entscheidungen ab.

Diese Budgetierungen werden durch ihn an den Vorstand des AH-Fonds weitergeleitet und es folgen normale unternehmerische Prozesse.

Insgesamt handelt es sich bei dem AH-Fonds um eine Organisation, die ähnlich straff geführt wird, wie ein Unternehmen. Der Vorstand erhält Ziele und ein Budget, hat dann aber keine Einschränkungen mehr, um diese auch zu erreichen.

Die Entscheidungsprozesse und Effizienz sind daher gewährleistet.

Wirksame Lösung dringlicher Probleme

Das AH-Modell ist ein allumfassender Lösungsansatz, der das bestehende politische- und wirtschaftliche System in eine neue und bessere Zukunft führen kann. Eine neue Idee, die aus einer historischen Konstellation entstanden ist und so präsentiert werden kann, dass sie Anhänger findet. Das AH-Modell ist daher geeignet, drängende Probleme zu lösen wie z.b.:

- Verletzungen der Menschenrechte

  Das AH-Modell sanktioniert Verstöße gegen die Menschenrechte rigoros mit Nichtaufnahme, Lizenzentzügen und Produktvorenthaltungen. Konformes Verhalten wird dagegen belohnt.

- Diktaturen und Autokratien

  Analog zu den Menschenrechten gilt auch hier: Diktaturen und Autokratien werden durch die Hand der Erziehung zur Öffnung ihrer Gesellschaften gezwungen oder werden mit Revolten und Aufständen ihrer technisch abgehängten Bevölkerung leben müssen.

- Auswüchse des Kapitalismus

  Dadurch, dass der AH-Fonds ein mächtiger Marktteilnehmer ist, setzt er Maßstäbe und

Standards. Ein dauerhafter Widerstand führt zum Untergang. Unternehmen werden sich daher anpassen und auf Nachhaltigkeit bedacht sein. Nicht zum Wohle der Menschen, aber zum Eigennutz, der in diesem Falle tatsächlich etwas Gutes gebiert.

- Pandemien und Krankheiten

  Die Bündelung der Forschungskapazitäten macht es einfacher, Krankheiten und Seuchen wirksam zu bekämpfen. Hinzu kommt, dass der AH-Fonds keine Kenntnisse aufgrund wirtschaftlicher Erwägungen zurückhält oder eine Entwicklung verhindert wird.

- Umweltschutz und ökologische Katastrophen

  Einer der Hauptforschungsschwerpunkt ist nachhaltige Technologie. Auch hier ist ein Hinweis auf die Bündelung und der Ansatz, der nicht auf Profitmaximierung beruht, von äußerster Wichtigkeit. Zudem erzieht das AH-Modell indirekt zum Umweltschutz.

- Kriege und der Einsatz von Massenvernichtungswaffen

  Kriege und der Einsatz von Massenvernichtungswaffen führen zum

Ausschluss aus dem Fonds, sowie Lizenz- und Produktsperren.

Zusätzlich könnte die Wirkung der unsichtbaren Hand der Erziehung dazu führen, dass die Entwicklung und Investitionen in derartige Waffen unproduktiv werden.

- Klimawandel, Hunger und Bevölkerungsexplosion

  Die Konsequenzen des Klimawandels, wie beispielsweise Verödung von Anbauflächen, können durch Forschung überwunden werden. Der Hunger stirbt aus und der Wohlstand des Landes steigt. Bei steigendem Wohlstand sinken in der Regel die Geburtenraten

- Künstliche Intelligenz

  Dadurch, dass KI zentral und ohne monetären Interessen erforscht und entwickelt werden, ist die Hoffnung groß, dass dieses nicht missbräuchlich genutzt oder eine entartete Anwendung findet.

- Usw..

Ressourcen und Finanzierung

Die Finanzierung erfolgt zuerst durch die Mitgliedstaaten, die jährlich jeweils 2% des BIP in den AH-Fonds-Einzahlen und eine Budgetierung verabschieden. Damit wäre der AH-Fonds mit ausreichend finanzielle Mittel versorgt. Bei einem kumulierten BIP der USA und EU läge die jährliche Unterstützungssumme bei immerhin ca. 720 Milliarden Dollar im Jahr.

Haben sich die Technologiezentren etabliert, werden die Forschungs- und Entwicklungsergebnisse dazu genutzt, Lizenzen zu vergeben, 'die wiederum Einnahmen generieren. Die Lizenzeinnahmen seriös zu schätzen, erübrigt sich, allerdings ist davon auszugehen, dass sich die Technologiezentren wirtschaftlich nach einigen Jahren auch alleine tragen könnten.

Später wäre es eine interessante Variante, die Rentensystem der Mitgliedsländer so umzustrukturieren, dass die ursprünglichen Beiträge ebenfalls in den AH-Fonds fließen und dieser auch die Renten auszahlt. Das wäre aber eine Idee für die Zukunft, um einerseits die Akzeptanz des Modells zu erhöhen und andererseits die Bürger an dem Fonds zu partizipieren.

Durch die Kapitalisierung verfügt der AH-Fonds über große finanzielle Mittel. Mit diesen Mitteln ist es problemlos möglich, das notwendige Wissen auf dem Markt zu erwerben und Höchstpreise dafür zu zahlen. Gleichzeitig sollte frühzeitig an Universitäten angeworben werden.

Denkbar wäre es auch, schlicht Aktienmehrheiten aufzukaufen und so ganze Forschungs- und Entwicklungsabteilungen abzuspalten und anschließend aufgehen zu lassen. Dabei soll eine Vergleichszahl bemüht werden: Während der Fonds 720 Milliarden jährlich erhält, wird der Wert des teuersten Unternehmens der Welt auf ca. 590 Milliarden geschätzt (Stand: 2016).

In der Summe sollte die Marktmacht daher so groß sein, dass nichts dem AH-Fonds widerstehen kann.

Realisierbarkeit

Die Implementierung des AH-Modells ist weitaus weniger aufwändig, als die Errichtung der Europäischen Union, der UN oder der Nato. Trotzdem wurden alle drei der genannten Institutionen implementiert. Sie beweisen, dass auch eine intensivere Kooperation von den einzelnen Staaten nicht ausgeschlossen ist.

Natürlich gilt aber auch: Jede Idee braucht Unterstützer, die auch an ihrer Verwirklichung interessiert sein, ansonsten wächst sie über den theoretischen Aspekt nie hinaus. Ähnlich verhält es sich auch mit dem AH-Modell. Grundsätzlich sind zwei Wege der Durchsetzung denkbar:

- <u>Von unten nach oben</u>

  - Verbreitung der Idee im Internet

  - Aktive Ansprache der demokratischen Einrichtungen

  - Starten von Petitionen

  - Schaffen einer Graswurzelbewegung

  - Starten einer Bewegung für eine bessere Zukunft

- <u>Von oben nach unten</u>

  - Prominente und Medien propagieren die Idee

  - Relevante Organisationen und Politiker sind vom Nutzen des AH-Modells überzeugt

In der Summe hat das AH-Modell das Potential beides zu sein: Eine Idee, die vom Volk getragen wird, aber auch eine, die an die Menschen herangetragen werden kann. Grundsätzlich ist das Individuum im AH-System definitiv kein Verlierer:

- Dadurch, dass die Staaten die Mindestkriterien erfüllen müssen, wird z.B. eine demokratische Ordnung, die Einhaltung der Menschenrechte oder Gleichheit vor dem Gesetz unabänderlich zementiert

- Die Unternehmen werden dagegen ebenfalls zur Nachhaltigkeit erzogen. Umweltsünden, Ausbeutung oder Lohndumping entfallen

- Durch die neuen Technologien blüht die Wirtschaft. Arbeitsplätze entstehen, allgemeiner Wohlstand wird zum Standard

- Neue Technologien z.B. in der Medizintechnik verbessern das individuelle Leben

- Das AH-System garantiert die kulturelle Integrität, d.h. die Menschen verlieren nichts, sondern gewinnen nur hinzu

Am Ende ist das Individuum der große Gewinner des AH-Systems. Es würde zwar auch ohne die Bürger funktionieren, dieses wird aber nicht als sinnvoll erachtet, da eine Ausgrenzung oder gar ein autoritärer Zwang bei einem Modell, das das Leben aller verbessern möchte, weder notwendig, noch zielführend sein kann und darf.

Die Chance, dass das AH-Modell tatsächlich bei den Massen und Teilen der Eliten Begeisterung hervorruft, ist gegeben und sollte auch genutzt werden.

Vertrauen und Transparenz

Im Gegensatz zu vielen internationalen Institutionen müssen alle Komponenten des AH-Modells von Beginn an als das propagiert werden, was sie darstellen: Ein Weg zu einer besseren Welt. Da dieser Weg, im Gegensatz zu vielen anderen Ideen, keine radikale Entwurzlung des Einzelnen fordert, wird er auch einen Vertrauensvorschuss genießen:

- Nationalstaaten bleiben erhalten

- Individuelle Systeme (z.B. demokratische Besonderheiten, Sozialsystem) bleiben erhalten

- Marktwirtschaft bleibt erhalten

- Das Leben des Einzelnen bleibt erhalten

- Kultur bleibt erhalten

- Identität bleibt erhalten

Veränderungen werden nur dann notwendig, wenn es im Staat oder in den Unternehmen Mängel gibt, die grundsätzlich nicht zum Wohle des Einzelnen sind.

Der Vertrauensvorschuss wird auch dadurch erfüllt, dass das Modell auch nachhaltige Technologien liefert und eine positive Wirkung auf Unternehmen und die Gesellschaft hat, ohne diese mit Änderungen zu bedrängen.

Gleichzeitig ist es aber auch von Nöten, dass der AH-Fonds den Parlamenten und der Öffentlichkeit Rechenschaft ablegt. Transparenz sei oberstes Gebot.

Vertrauen gewinnt das AH-Modell am Ende dadurch, dass es wirkt und das Gute in der Welt schafft und fördert. Das ist mehr, als je ein anderes Modell vermochte.

Die Idee des AH-Modell als Massenbewegung

Im vorherigen Abschnitt wurde bereits angedeutet, dass die Idee das AH-Modells die Möglichkeit in sich trägt, zu einer Massenbewegung zu werden und auf diese Art und Weise sollte sie auch betrachtet und gefördert werden:

Man bedenke; das AH-Modell ist eine Idee, welche Märkte, Unternehmen und Staaten bändigt, sie dazu bringt, sich freiwillig erziehen zu lassen und hat dabei stets nur das Beste im Auge. Eine solche Idee hat auch immer eine versöhnende Wirkung, denn viele der alten Grabenkämpfe werden durch das AH-Modell überflüssig oder vereinfacht ausgedrückt: Ein Nationalist kann das AH-Modell ebenso unterstützen, wie ein Sozialist oder ein Liberaler. Ein Atheist genauso wie ein Gläubiger. Es lassen sich am Ende alle Menschen vereinen, die ihre persönliche Lebenseinstellung nicht im Extremismus sehen und genau das ist etwas, was in der Historie noch nie oder nur selten erreicht wurde.

Die Geschichte zeigt zudem, dass weitaus schwierigere theoretische Konstrukte mit offensichtlichen Mängeln eine große Begeisterung fanden. Man denke an dieser Stelle nur an den Kommunismus, der noch heute viele Anhänger besitzt, aber dessen praktische Umsetzung in der Regel desaströs endete. Ebenso zeigt die Realität, dass Staaten durchaus zur Kooperation bereit sind.

Warum sollte das AH-Modell dann scheitern?

Rechenschaftspflichten und Kontrolle

Das AH-Modell beinhaltet vielfache Rechenschaftspflichten und Kontrollinstanzen:

- Die teilnehmenden Länder bestimmen den Aufsichtsrat des Vorstandes und geben die Richtlinien der Forschung- und Entwicklungen vor

- Der Aufsichtsrat bestimmt und kontrolliert den Vorstand

- Der einzelne Delegierte des Aufsichtsrats ist den nationalen Parlamenten Rechenschaft schuldig

- Der AH-Fonds ist in halbjährlichen Berichten zur Transparenz verpflichtet

- Die teilnehmenden Länder werden durch eine unabhängige Kontrollinstanz auf werthaltiges Verhalten und Nachhaltigkeit kontrolliert

- Die Unternehmen werden ebenfalls auf genau durchleuchtet und kontrolliert. Jeder Kooperationspartner obliegt genauen Transparenzpflichten

- Länder und Unternehmen werden durch die unsichtbare Hand der Erziehung zum Guten hingedrängt

Schutz vor Machtmissbrauch

Das AH-Modell besitzt viele Kontrollmechanismen, die bereits im vorherigen Punkt benannt wurden. Selbstverständlich wären auch damit Korruption oder Machtmissbrauch niemals zu 100% Prozent ausgeschlossen, allerdings deren Möglichkeit stark reduziert.

Vom Grundsatz her ist das AH-Modell allerdings selbst eine Art Machtmissbrauch. Und zwar werden die Marktstärke und das Marktmodell dahingehend genutzt, um eine Erziehung zum Guten zu bewirken. Es manipuliert. Es zwingt. Es handelt sich dabei allerdings um einen positiven Machtmissbrauch und einen gewünschten Effekt: Den Egoismus des Einzelnen nutzen, um so das Gute für Alle zu erreichen.

Flexibilität

Das AH-Modell ist flexibel, denn es ist ein Mechanismus der Flexibilität. Das nicht nur im Rahmen seiner Forschungs- und Entwicklungsarbeit, sondern auch in seiner

Reaktion auf Marktveränderung. Es ist dynamisch wie die Kräfte des Marktes selbst.

Der AH-Fonds ist letztendlich ein flexibles Unternehmen, keine starre und verkrustete Behörde.

Das AH-Modell selbst ist ein flexibler Erzieher, der mit unsichtbarer Hand für Anpassung sorgt.

Zusammenfassung

Das Modell der Alternativen Hegemonie ist ein allumfassender Ansatz, der die herrschenden Zustände und Ordnungen in eine neue und bessere Zukunft führen möchte. Dazu bedient sich das AH-Modell bekannter Mechanismen und steuert sie in eine vernünftigere Richtung.

Der Vorteil des AH-Modells ist dabei, dass es nicht voraussetzt, dass der Mensch „gut" ist, sondern es auch zum Wohle aller wirken kann, wenn er nur als homo oeconomicus agiert. Ein Vorteil, der weitaus wichtiger ist, als er auf den ersten Blick erscheint, aber genau den entscheidenden Faktor darstellt: Das AH-Modell wendet sich nicht gegen den Egoismus, das wäre naiv, sondern nutzt ihn. So kann es alle Widerstände besiegen und könnte der Geschichte damit eine tiefgreifende Wende geben.

Diese Wende der Geschichte öffnete die Tore und das Licht tritt ein, denn auf einmal sind fast alle

Probleme, die vorher unlösbar erschienen und immer nur punktuell bekämpft wurden, lösbar. Es bedarf lediglich an Willen, an Zuversicht und Mut und schon könnte das AH-Modell innerhalb kürzester Zeit verwirklicht werden.

Denn, wer die Welt zu einem besseren Ort machen will, der braucht eine globale, für alle akzeptable Lösung.

Eine solche ist das Modell der Alternative Hegemonie durch Erziehung zum Guten.

Publiziert durch:

Erich von Werner Gesellschaft

Verstehen und verändern –

Helfen Sie uns, die Welt zu verbessern

www.understandandchange.com

info@erichvonwernerverlag.de

Erich von Werner Verlag

www.erichvonwernerverlag.de
www.facebook.com/erichvonwernerverlag
www.twitter.com/ErichvonWerner

Birkenfelder Straße 3 - 97842 Karbach – GERMANY

Autor

Andreas Herteux

Andreas Herteux ist ein deutscher Philosoph, Autor und Wirtschaftswissenschaftler.

www.andreasherteux.com
www.facebook.com/andreasherteux